會好起來的，
就算不是現在

I USED TO HAVE A PLAN

BVT LIFE HAO OTHER IDEAS

亞歷珊卓拉‧歐拉諾 圖文　林師祺 譯
ALESSANDRA OLANOW

可可和媽，愛妳們

100% 不堪一擊

請溫柔對待我

前言

我一直無法欣然接受改變。即使在幼時,我都堅守既定慣例,一定要知道接下來的安排。我全心全意抗拒風險,難怪每個選擇都穩當地落在我的舒適圈。人生走向也按照我的計畫,毫無意外。

後來情況有變。事實上,我的世界分崩離析。每件事情似乎都發生得莫名其妙,而且全部排山倒海而來;婚姻破裂、工作沒著落、媽媽不久人世。彷彿有塊巨石直接落在我的胸口,壓得我無法呼吸。

我逃避現實,假裝一切都好,但根本不可能。然後我拚命想找出每個問題的解決方法,卻不知道從何解起。

於是我畫畫,畫畫成了我的避風港,我畫出人生高低起伏,更客觀地正視我的痛苦。我繼續畫出喜怒哀樂,開始認識自己,也對人生懷抱幽默感;久而久之，我不再那麼抗拒改變。我開始檢視自己為何覺得不自在，那都是我以前不肯正視的心情。如此一來，我發現自己可以駕馭負面情緒，不需要再避而遠之。無論我覺得多麼難受，隨遇而安的心幫助我成長，讓我的人生更充實、更完整。

以前我凡事有計畫，現在不是了，應該說不算有。也許現在的人生比過去雜亂無章，我卻從未如此認清自己，也從未對自己的存在如此開心。

這本書證明我不再凡事先計畫，證明我擁抱人生的曲折、困難有多美好。

如果有人覺得人生被搞得天翻地覆，想找到正道重新振作，希望翻個一兩頁就能找到慰藉，切記，做人實難。♥亞歷珊卓拉

第一部：

　　我沒料到。

嗨，全世界，

我馬上回來喔。

事情不該是這樣啊。

我本來都計畫好了。
一切應該按部就班實行。

結果沒有。

所有事情都可能在一瞬間
天翻地覆。

我躺一下下就好。

你不能跳過這一足八。

有時候事情就是得天崩地裂

才能塵埃落定。

週二。

親愛的痛苦，

謝謝你阻擋我繼續前進，告訴我什麼最重要。真的好有教育意義喔，但是你現在可以閃邊去了。

謹啟，

我

那些痛苦的時光，
那些我們以為
就要活埋我們的事情……

往往讓我們打開心房。

心裂了一個口，
才會開。

第二部：

　　你不好也沒關係

有些日子比較難捱。

實驗，
然後失敗

傳記書籍

壞點子

正正正正正
正正正正正
正正正正正
正正正正正
正正正正正
正正正 ||

我腦中的想法

l

我說出來的話

我留在屋裡就好

多力多滋 起司玉米片口味	2.15
起司泡芙	2.50
奇多	2.50
起司爆米花	0.99
小金魚香脆餅	2.59
Hostess 杯子蛋糕	3.59
德雷克咖啡蛋糕	3.49
奇巧巧克力	0.87
Sun Chips	3.00
彩虹糖	3.19
提神軟糖	2.99
扭扭蠟燭糖	2.29
哈瑞寶小熊軟糖	2.99
葡萄柚氣泡水	4.39
百香果氣泡水	4.39
芒果氣泡水	4.39
零卡可樂	3.79
舒味思薑汁汽水	3.33
能多益巧克力榛果醬	2.50
瑞氏花生醬巧克力	0.87
蘇打餅	2.89
Stouffer's 法國麵包披薩	2.99
班傑利香蕉軟糖核桃冰淇淋	4.89
士力架冰淇淋雪糕	4.99
傑樂果凍	2.39
Altoids 薄荷糖	1.89
疼痛緩解發泡錠	8.42
Pepto-Bismol 咀嚼片	10.99
舒潔極致柔軟面紙／家庭包	22.49

小計 ： 120.94

謝謝！
下次崩潰再見！

再吃一口就好。

今天，我要活在當下，
這個當下，就是睡覺。

你可以慢慢來。

親愛的我，

恍神放空一下下OK的，
記得回神就好。

愛你喔，

我

不要用一時的情緒

做出一世的決定。

就像月亮……

我們有時是滿月

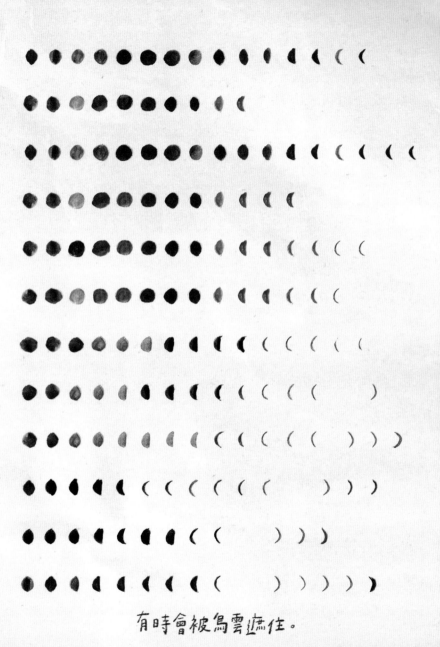

有時會被烏雲遮住。

從一咪咪的
　正面思考開始。

第三部：

    我要走到哪裡？

或許
只要我換個髮型
一切就會沒事。

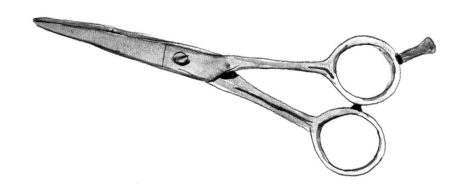

有些最難打的仗
是對抗自己。

哈囉

我自以為掌握每一步，
其實我什麼也不知道。

你・不必・一次

搞定・所有・事

人生有時不必非理出個道理不可。

（有時就是毫無道理可言。）

有時只需要
靜靜坐著，呼吸。

我知道我終究會
跨過這一關。

(不過知道何時跨過更好。)

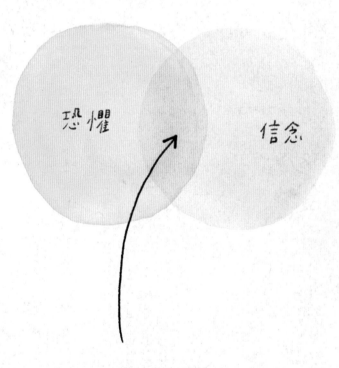

恐懼　信念

我大概在這裡。

第四部：

要好起來就得熬過去

你就是在這個階段
了解自己

開始

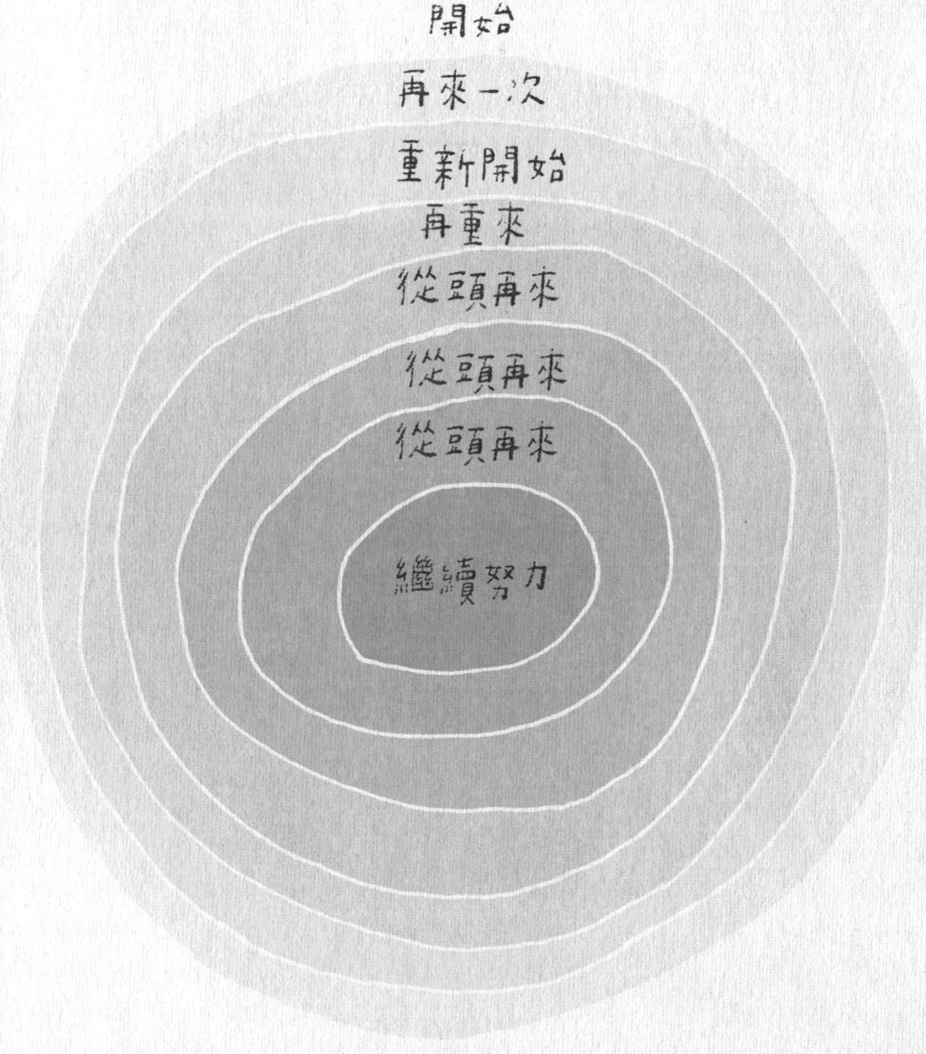

開始

再來一次

重新開始

再重來

從頭再來

從頭再來

從頭再來

繼續努力

投降

備忘錄

對象：自己

不要擋住自己的路

（說真的，動起來。）

收拾情緒。

情緒來了，
不要擋。

情緒走了，
別強留。

非得
放手才知道
我沒有什麼
放不下。

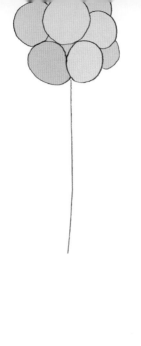

如何停止
在意別人
對你的看法

終生志業

把經歷化為
成長的養分。

恐懼的另一頭
就是自由。

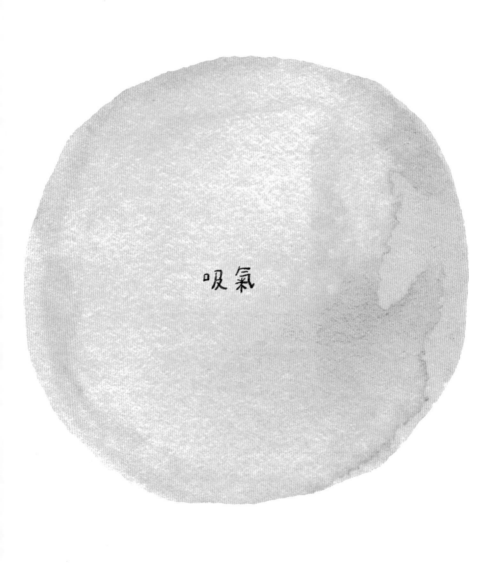

吸氣

吐氣

第五部：

　　我喜歡這裡，
　　　可以待一會兒嗎？

我寫給自己

親愛的我，

　這裡不是我想待的地方，
　但是至少我離開老地方。

　　　　　　　　愛你喔，
　　　　　　　　　我敬上

如何阻擋自己
毀掉自己?

(以及其他有效策略)

自己

隨遇而安。

但不要忘了展翅飛翔。

記得，人生有高有低。

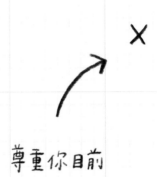

尊重你目前
的境遇。

懷抱希望。希望帶來光明。

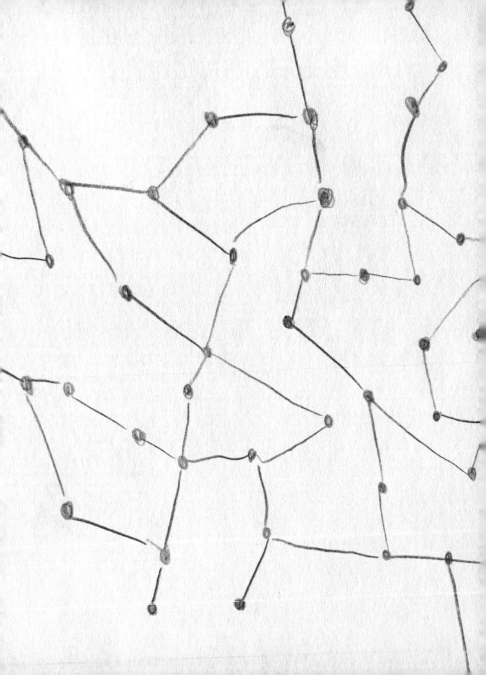

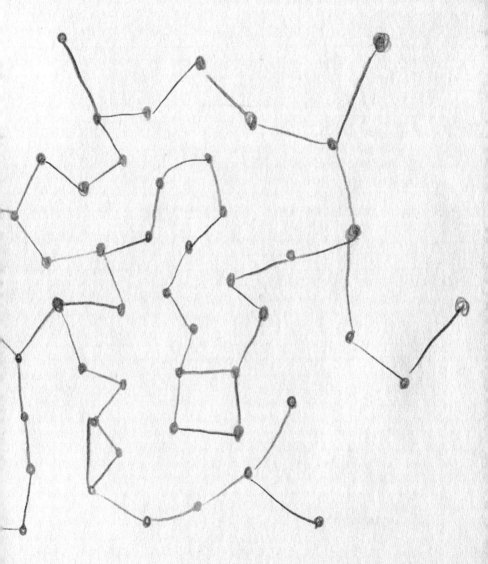

到頭來，每件事自有其意義。

我不知道要走到哪兒，
總之我已經上路。

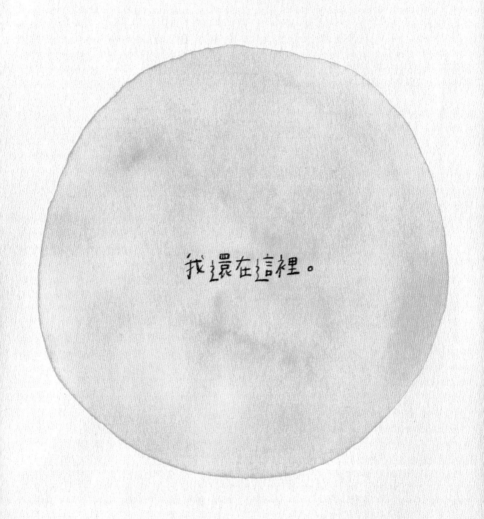

我還在這裡。

謝謝你們

黛芬娜・波達

瑪格莉特・布朗

海瑟・寇貝

貝提・戴吉倫

伊蓮諾・佛斯特

克莉絲蒂娜・賈希斯

丹妮兒拉・瓊

提姆・馬圖許

安德魯・歐拉諾

傑克・艾特曼

蒂芬妮・潘姿

莎夏・史騰

伊莉莎白・蘇麗文

凱特・伍卓

謝謝你們

黛芬娜‧波達

瑪格莉特‧布朗

海瑟‧寇貝

貝提‧戴吉倫

伊蓮諾‧佛斯特

克莉絲蒂娜‧賈希斯

丹妮兒拉‧瓊

提姆‧馬圖許

安德魯‧歐拉諾

傑克‧艾特曼

蒂芬妮‧潘姿

莎夏‧史騰

伊莉莎白‧蘇麗文

凱特‧伍卓

作者簡介

亞歷珊卓拉·歐拉諾是插畫家暨作家。
與女兒可可定居紐約布魯克林。

Titan 153

會好起來的，就算不是現在

作　者｜亞歷珊卓拉·歐拉諾
譯　者｜林師祺

出　版　者｜大田出版有限公司
台北市一〇四四五 中山北路二段二十六巷二號二樓
E - m a i l｜titan@morningstar.com.tw　http：//www.titan3.com.tw
編輯部專線｜(02) 2562-1383　傳真：(02) 2581-8761

總　　編　輯｜莊培園
副 總 編 輯｜蔡鳳儀　編　輯｜葉羿好
行 政 編 輯｜鄭鈺澐
行 銷 編 輯｜張筠和
助 理 編 輯｜郭家妤
校　　　對｜黃薇霓／林師祺
內 頁 美 術｜陳柔含

初　刷｜二〇二四年一月一日　定價：三八〇元

網 路 書 店｜http://www.morningstar.com.tw（晨星網路書店）
TEL：(04) 23595819 FAX：(04) 23595493
購 書 Email｜service@morningstar.com.tw
郵 政 劃 撥｜15060393（知己圖書股份有限公司）
印　　刷｜上好印刷股份有限公司
國 際 書 碼｜978-986-179-845-5 CIP：177.2/112018510

填回函雙重禮
① 立即送購書優惠券
② 抽獎小禮物

國家圖書館出版品預行編目資料

會好起來的，就算不是現在／亞歷珊卓拉·
歐拉諾著；林師祺譯. ──初版──台北市
：大田，2024.01
面；公分. ──（Titan；153）

ISBN 978-986-179-845-5（平裝）

177.2　　　　　　　　　112018510

I USED TO HAVE A PLAN
by Alessandra Olanow
Copyright © 2020 by Alessandra Olanow
Complex Chinese Translation copyright © 2024
by Titan Publishing Co., Ltd.
Published by arrangement with Harper Design, an
imprint of HarperCollins Publishers, USA
through Bardon-Chinese Media Agency
博達著作權代理有限公司
ALL RIGHTS RESERVED

版權所有　翻印必究
如有破損或裝訂錯誤，請寄回本公司更換
法律顧問：陳思成